Byd y Bêl

Eluned Charles

Ⓗ Awdurdod Cymwysterau, Cwricwlwm ac Asesu Cymru, 2003

Cyhoeddwyd gan
Y Ganolfan Astudiaethau Addysg
Prifysgol Cymru Aberystwyth
Yr Hen Goleg
Aberystwyth

ISBN: 1 85644 733 2

Arlunwaith gan Llinos Owen

Dyluniwyd gan Richard Huw Pritchard

Golygwyd gan Brenda Williams

Ymchwil lluniau gan Gwenda Lloyd Wallace

Argraffwyd gan Wasg Gomer

Dymunir diolch i'r canlynol:

i Eleri Davies, Mavis Murray, Siân Hawkins ac Ann Humphreys am eu harweiniad gwerthfawr.
i'r ysgolion treialu:
Ysgol Bryn Gwalia, Ysgol Santes Gwladys, Ysgol Frongoch, Ysgol Comins Coch ac Ysgol Cynlais.

Diolch i'r canlynol am gael atgynhyrchu deunyddiau yn y llyfr hwn:

Ffotograffau
Huw John: tud. 4
Keith Morris: tud. 6 (gyda diolch i Nathan Briscoe a Carolyn Freeman)
Huw Evans Picture Agency Ltd.: tud. 8, 9
Getty Images: tud. 11
Trwy garedigrwydd Cymdeithas Pêl-rwyd Cymru: tud. 12
Cymdeithas Pêl-droed Cymru: tud. 14

Gêmau pêl

Criced

Beth sy eisiau i chwarae criced?

crys

menig

trowsus

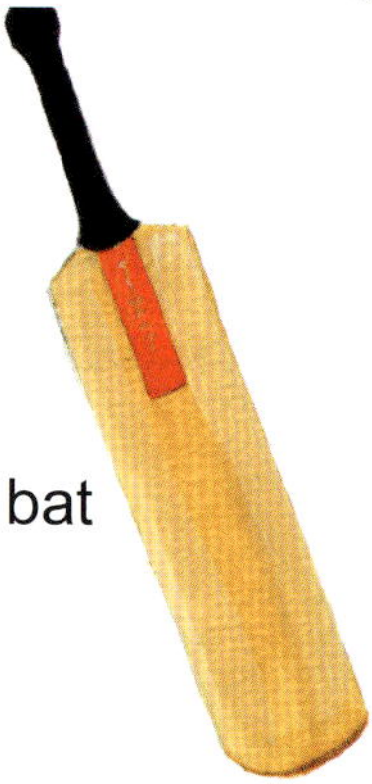

bat

pêl

helmed

padiau

Tîm criced Morgannwg ydy hwn.
Mae un deg un o chwaraewyr yn y tîm.

Criced

Wrth chwarae criced rhaid. . .

bowlio

rhedeg

batio

neidio

taflu'r bêl

dal y bêl

y ffin

wicedwr

batiwr

bowliwr

y wiced

Cae criced

Mae'r batiwr yn gwisgo helmed, padiau a menig.
Mae'r bowliwr yn taflu'r bêl yn gyflym iawn.
Mae'r batiwr yn batio'r bêl ac yna yn rhedeg o un wiced i'r llall i sgorio rhediad.

Tennis

Beth sy eisiau i chwarae tennis?

siorts

crys

neu

raced

treinyrs

sgert

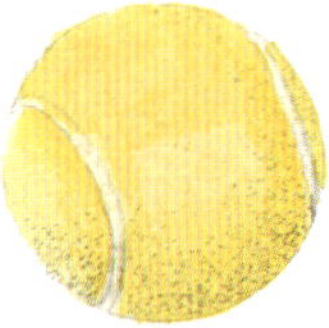

pêl

Mae dau neu bedwar yn gallu chwarae tennis.

Tennis

Wrth chwarae tennis rhaid. . .

bwrw'r bêl

taflu'r bêl

bownsio'r bêl

ymestyn

rhedeg

rhwyd

llinell

Cwrt tennis

Mae'r chwaraewyr yn bwrw'r bêl yn ôl ac ymlaen dros y rhwyd.

Rygbi

Beth sy eisiau i chwarae rygbi?

sanau

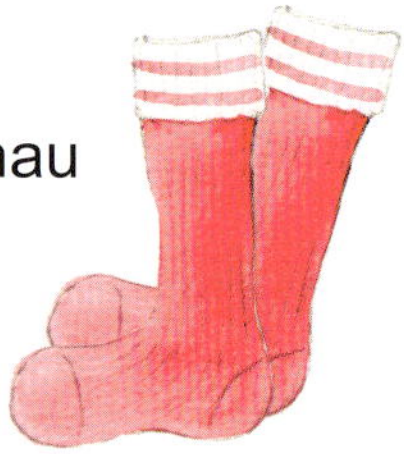

esgidiau

siorts

crys

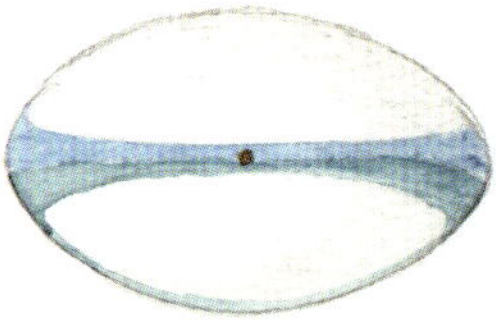

pêl

Ewch i'r gell cosb!

dyfarnwr

Tîm rygbi Cymru ydy hwn. Maen nhw'n gwisgo crysau coch Cymru. Mae un deg pump o chwaraewyr yn y tîm.

cell cosb – sin bin

Rygbi

Wrth chwarae rygbi rhaid. . .

cicio

taflu'r bêl

pasio

dal y bêl

sgrymio

taclo

sgorio cais

Sawl pwynt?
cais – pump   trosiad – dau   gôl adlam – tri

y cae

y pyst

y llinell
gais

Stadiwm y Mileniwm. Mae tîm rygbi Cymru yn chwarae yma.

cais – try   **gôl adlam** – drop-goal   **trosiad** – conversion

Snwcer

Dyma'r bwrdd snwcer ar ddechrau'r gêm.

poced

Sawl pwynt?

coch   – un   melyn – dau   gwyrdd – tri
brown – pedwar   glas   – pump   pinc   – chwech
du   – saith

Beth sy eisiau i chwarae snwcer?

triongl

sialc

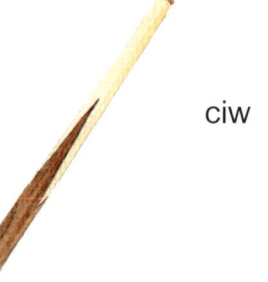

ciw

Snwcer

Wrth chwarae snwcer rhaid. . .

gosod y peli

taro'r bêl

anelu'r ciw

ymestyn

potio'r bêl

Dyma'r chwaraewyr enwog, Mark Williams a Matthew Stevens.
Mae Mark yn dod o bentref Cwm, ym Mlaenau Gwent.
Mae Matthew yn dod o Langynnwr, ger Caerfyrddin.

Pêl-rwyd

Beth sy eisiau i chwarae pêl-rwyd?

treinyrs

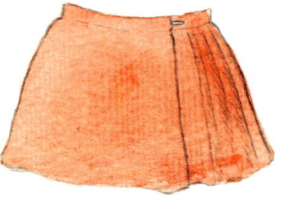

sgert

crys

tabard

pêl

Dyma dîm pêl-rwyd Cymru.
Mae saith o chwaraewyr yn y tîm.
Mae pob un o chwaraewyr Cymru yn gwisgo tabard coch.

Pêl-rwyd

Wrth chwarae pêl-rwyd rhaid. . .

taflu'r bêl

neidio

rhedeg

anelu

dal y bêl

rhwyd

y cylch canol

rhwyd

yr hanner cylch

Cwrt pêl-rwyd

Rhaid taflu'r bêl i'r rhwyd i sgorio.

Pêl-droed

Beth sy eisiau i chwarae pêl-droed?

siorts

crys

chwiban

pêl-droed

Mantais i Gymru!

dyfarnwr

esgidiau

Tîm pêl-droed
Cymru.
Mae un deg un
yn y tîm.

mantais – advantage

Pêl-droed

Wrth chwarae pêl-droed rhaid. . .

cicio

pasio

penio

ymosod

amddiffyn

sgorio

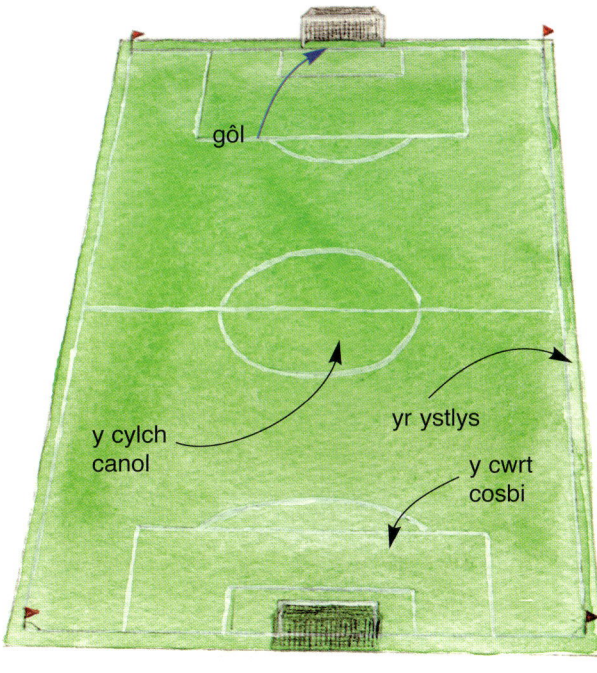

gôl

y cylch canol

yr ystlys

y cwrt cosbi

Cae pêl-droed
Rhaid cicio'r bêl i'r gôl i sgorio.

Ble mae'r bêl?

Mae'r bêl snwcer yn y boced.

Mae'r bêl rygbi rhwng y pyst.

Mae'r bêl griced dros y ffin.

Mae'r bêl dennis dros y rhwyd.

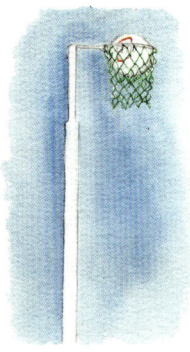

Mae'r bêl-rwyd yn y rhwyd.

Mae'r bêl-droed yn y gôl.